Schwarzer HUMOR

FIESE SPRÜCHE

Schwarzer HUMOR

FIESE SPRÜCHE

EDITION XXL

Einleitung

Wann ist ein Spruch fies?

Humor ist ja bekanntlich die Würze des Alltags und schwarzer Humor folglich eine feurige Chili. Fiese Sprüche sind eine weitere Steigerung von schwarzem Humor ... und somit Jalapeños! Wie die scharfen Schoten sind auch fiese Sprüche nicht jedermanns Sache: Manche finden sie eher abstoßend, andere wiederum zum Totlachen. Geht der schwarze Humor häufig bis an die Grenze des guten Geschmacks, so kann es durchaus vorkommen, dass ein fieser Spruch diese überschreitet und so manches Tabu bricht.

Darüber zu lachen, auch wenn einem fast das Lachen im Halse stecken bleibt, ist überhaupt nicht verwerflich – es ist vielmehr ein befreiendes Ventil, durch das der im Alltag angestaute Frust und Ärger entweichen kann.

Es gibt sogar eine aktuelle psychologische Studie, die den Zusammenhang zwischen schwarzem Humor und Persönlichkeit untersucht. Das Ergebnis wird Sie vielleicht überraschen: Diejenigen Probanden, die ein Faible für schwarzen Humor zeigten, hatten zugleich den höchsten IQ und das niedrigste Aggressionspotential!

Sie können sich also entspannen: Manchmal ist es sogar gut, böse zu sein. Ob Sie sich rächen wollen, gut kontern möchten oder einfach nur Ihre schlechte Laune loswerden müssen – mit den fiesen Sprüchen, die wir für Sie zusammengetragen haben, bekommt jeder sein Fett weg!

Wir wünschen Ihnen viel Vergnügen bei der Lektüre!

P.S.: Für Risiken und Nebenwirkungen übernehmen wir keine Haftung!

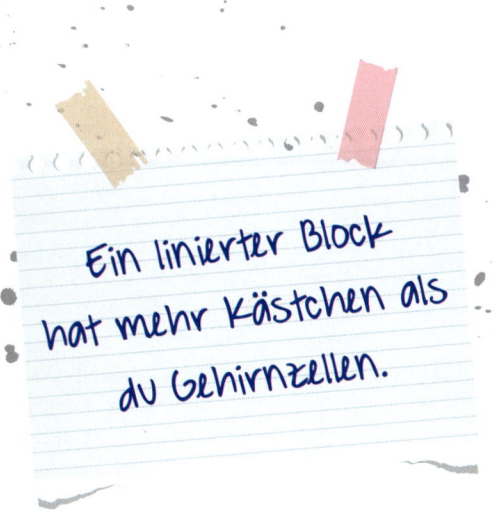

Ein linierter Block
hat mehr Kästchen als
du Gehirnzellen.

Danke, ich bin sauber,
ich brauche
keinen Waschlappen.

Frauen sind die einzigen Lebewesen,
die es schaffen, aus dem Nichts
Probleme zu finden
und sich reinzusteigern.

Du bist ein armseliger Idiot.
Aber ich will ehrlich sein:
Nicht jeder denkt
so positiv über dich wie ich.

Du bist wie ein Q.
Eine große Null mit einem kleinen Penis.

Ich bin der festen Überzeugung,
dass einer von uns beiden
blöder ist als ich.

Wo hast du denn
diese tolle **MONSTERMASKE** her?

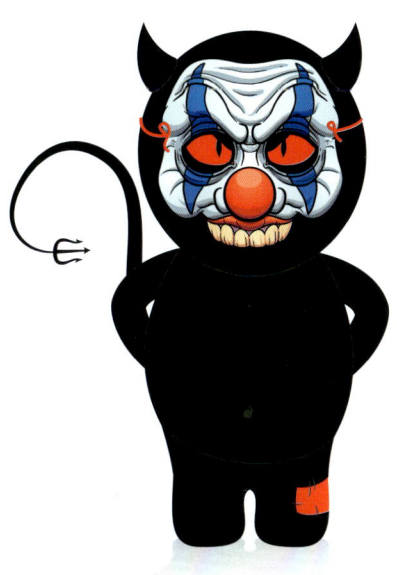

ICH BIN NICHT
UNVERSCHÄMT,
NUR EHRLICH
IM VORAUS.

Geheimnisse hatte
ich noch nie.
Ich nenne es unveröffentlichtes
Bonusmaterial.

Ohne dich?
Hätte ich
ein Problem weniger.

Wenn mich deine Gedanken
heimsuchen würden,
hätte ich auch nichts zu lachen.

Manche essen Vitamine zum Frühstück.
Du hast wohl ein wenig Naivität gelöffelt.

Deine Welt ist ein Albtraum.
Ich würde aufwachen wollen.

Du bist auch heute noch
genauso dumm wie gestern
und wie du morgen sein wirst.

Von all meinen Körperteilen
sind meine Augen vermutlich
am besten in Form.
Ich verdrehe sie täglich
mindestens 462-mal.

Dein IQ ist so hoch
wie ein Blatt Papier.

Guten Morgen

oder wie man auf Frauisch sagen würde:
„Müde, kalt, müde, Schnauze,
müüüde, lass mich, kein Bock!"

Das Blöde am Leben ist,
dass auch Arschlöcher
mitmachen dürfen.

Ich bin nicht nachtragend,
ich kann mir nur gut merken,
wer mich wann womit geärgert hat.

Ich will dir ja nicht
deinen Tag versauen,
aber schau mal in den Spiegel.

Meine Ecken und Kanten
machen mich erst richtig rund.

Wenn ich sauer bin,
hänge ich mir einen Umhang
um die Schultern.
Dann bin ich **SUPERSAUER**.

Iss mal Schminke,
vielleicht bist du dann wenigstens
von innen hübsch.

Du hast die Suppe der Weisheit
mit einer Gabel gegessen.

als Gott Gehirne verteilte, warst du wohl gerade an der Pommesbude?

Zu ungeil für Tinder.
Zu alt für Snapchat.
Zu dumm für Twitter.
Zu arm für Elitepartner.
Hallo Facebook, ich bin's wieder.

Ich rede nicht schlecht
hinter dem Rücken anderer Menschen.
Von vorn kann man
ihre Reaktion viel besser erkennen!

Persönlichkeit lässt sich nicht photoshoppen.

Nach dieser Woche
brauche ich kein Wochenende,
sondern eine Einhorn-Therapie.

Verletzt dich jemand,
bleib ruhig und gelassen.
Das Karma wird das schon regeln.

Mit dir bis ans Ende der Welt.
Und dort schubse ich dich dann runter.

Du bist der lebende Beweis dafür,
dass das vollständige Gehirnversagen
nicht automatisch zum Tod führt.

Jeder Mensch hat ja das Recht,
hässlich zu sein,
aber dass du es mal wieder
übertreiben musstest, war mir ja klar.

Arschkriechen ist nichts für mich.
Ich habe Angst im Dunkeln.

Wie viel Geld bekommst du
eigentlich dafür, dass
an dir chemische Experimente
verübt werden?

Schätzchen, dein Niveau
ist so hoch wie mein Absatz ...
und ich trage Ballerinas!

Jetzt ist es auch zu spät,
um jung zu sterben.
Jetzt müssen wir es durchziehen.

Wenn jemand ein Problem
mit mir hat,
darf er es ruhig behalten.
Es ist ja schließlich seines.

MANCHEN MENSCHEN
SIEHT MAN IN DIE AUGEN
UND WEISS SOFORT:
DAS LICHT IST AN,
ABER ES IST NIEMAND
ZU HAUSE.

Manchmal fühlt man sich
wie eine Kuh auf der Weide.
Die ist auch den ganzen Tag
von Pfosten umgeben.

Es heißt doch,
alles im Leben passiert
aus einem bestimmten Grund.
Manchmal würde ich gerne wissen,
was der Grund war.

Ich bin nicht frech,
sondern verbal einfach überlegen.

Du bist einzigartig,
jedenfalls hofft das
die ganze Menschheit.

So, meine Freunde,
bald beginnt das neue Jahr.
Lasst uns die Arschkarten mischen
und neu verteilen.

Ich fühle mich,
als könnte ich Bäume ausreißen.
Also kleine Bäume.
Vielleicht Bambus.
Oder Blumen.
Gut, Gras, das geht ...

Deine Eltern sind zwei richtig nette Kerle.

Lustige **STILBLÜTEN** vom Arzt

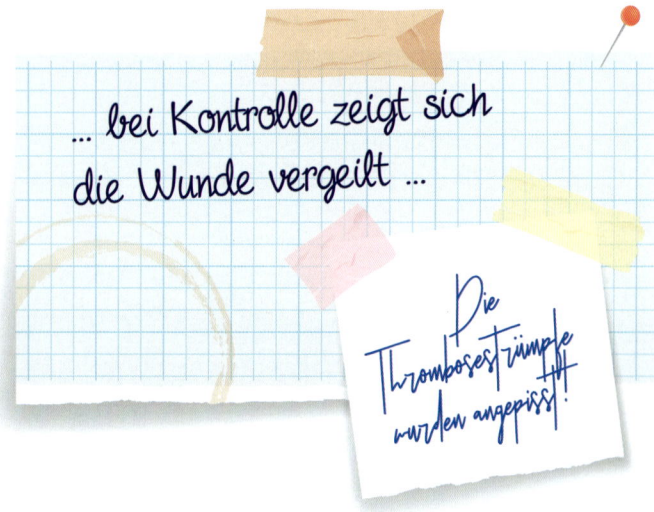

... bei Kontrolle zeigt sich die Wunde vergeilt ...

Die Thrombosestrümpfe wurden angepisst!

Beide Eltern sind in Krebs verstorben.

Herr Böhse verstarb am 14.03.2017
im Rahmen seiner
weit fortgeschrittenen
Grunzerkrankung.

Wir ließen die Patientin
in ihre gewohnte asoziale Umgebung.

Es ist ein Schwerbehindertenausweis
mit einem 50-prozentigen Grad
der Entbindung vorhanden.

Es handelt sich bei der Patientin
um einen Dauerzustand.

Der Patient hatte
einen lärmenden Atem.

Wichtig ist, dass aber eben
das Herz entlastet wird,
dass Sie nicht viel Volumen trinken,
dass Sie nach 19 Uhr
die Trinkmenge einstellen.

Kopf und Hals: Vollprothese

Alle Geschwister sind
gesund verstorben.

Ich bin schon viel
erwachsener geworden.
Ich beende Diskussionen
zwar immer noch mit:
„Selber doof!"
Aber ich weine
dabei nicht mehr.

Es gibt *Menschen,*
bei denen frage
ich mich, ob der *Kopf*
nur eine
Sicherungskopie
vom *Arsch* ist.

Ich werde oft
auf mein Äußeres reduziert.
Meine Bösartigkeit,
der verdorbene Charakter
und der geschmacklose Humor
bleiben da vollkommen
auf der Strecke.

Was sucht ein Einarmiger
in der Fußgängerzone?
Einen Secondhand-Shop ...

Und immer daran denken:
Du bist nicht wertlos.
Organe sind sehr teuer
auf dem Schwarzmarkt.

Du zu sein,
muss echt unangenehm sein.

Man muss zwar nicht
unbedingt dumm sein,
um hier zu arbeiten,
aber es erleichtert
die Sache ungemein.

Für dumm verkaufen ist Marketing.
An dumm verkaufen ist Vertrieb.

Schuhe sind wie Schokolade.
Da ist immer Platz für noch mehr.

Besoffen hoch,
wer auch Finger ist.

Sieht irgendwie billig aus,
aber passt zu dir!

Besser heimlich schlau
als unheimlich dumm.

Wie sahst du eigentlich
vor deinem Unfall aus?

Die Intelligenz verfolgt dich,
aber du bist schneller!

BURN OUT
ist was für Anfänger.
Ich habe bereits
FUCK OFF!

Und manchmal setzt Humor,
der kleine Frechdachs,
sogar ein wenig Intelligenz
und Allgemeinbildung voraus.

Oh, guck mal da!
Eine optische Enttäuschung!

Mit Fremdwörtern
kenne ich mich Konfekt aus!

Dieser unangenehme Moment
zwischen Montag und Freitag.

Du bist ein bildungsresistenter
Intelligenzallergiker!

Darf ich Ihnen
das „Tschüss" anbieten?

Scheiß-Party – keiner tanzt!
Ach so ... bin ja auf der Arbeit!

Ich wünsche niemandem etwas Schlechtes.
Ich wünsche manchen Menschen nur,
dass sie sich mal selbst begegnen.

Ich esse nicht einfach Schokolade.
Ich gebe Kalorien ein Zuhause.

Da, wo Sie sitzen,
kann ich mir auch gut
eine Zimmerpflanze
vorstellen.

Mit Frauen zu diskutieren, ist wie
Software-Lizenzvereinbarungen lesen.
Man versteht sie nicht
und stimmt am Ende einfach zu.

Gemein ist, einem
BLINDEN HUHN
auf der Suche nach einem
Körnchen Wahrheit
Sand in die Augen zu streuen.

WENN ICH
BUCHSTABENSUPPE
ESSEN WÜRDE,
KÖNNTE ICH
SINNVOLLER KOTZEN
ALS DU LABERST.

Was dir an Grips fehlt,
gleichst du durch Blödheit aus.

Wenn du dabei bist,
einen Streit zu verlieren,
dann fange an, die Grammatik
des anderen zu verbessern.
Das hebt den Streit
auf ein ganz neues Niveau!

Du bist so erotisch
wie ein Verkehrsunfall!

Manchmal streiche ich
einfach ein paar unerledigte Dinge
von meiner To-do-Liste.
Nur um klarzustellen,
wer hier der Boss ist!

Du bist nicht doof.
Du hast nur Pech beim Denken.

Deine Geburt war ein großer Beitrag
zur Umweltverschmutzung.

Investiere in Alkohol!
Mehr Prozente bekommst du nirgends!

Ich würde mich ja gern
mit dir geistig duellieren,
aber ich sehe, du bist unbewaffnet!

Bevor du schön wirst,
hab ich 'ne Alkoholvergiftung.

ES FOLGT EINE VOLLSTÄNDIGE LISTE ALLER DINGE, DIE MIT LEOPARDENMUSTER GUT AUSSEHEN:
– LEOPARDEN

Hier eine vollständige Auflistung der Gründe, sich auf den Montag zu freuen:

NICHTS

Außer du hast Urlaub

Und hier eine Liste von Dingen, die bei über 30°C Spaß machen:

– – – – – – ?

Wenn du tot bist,
dann weißt du nicht,
dass du tot bist.
Es ist nur schwer für die anderen.
Genauso ist es,
wenn du blöd bist.

Glück
ist wie
Furzen.
Erzwingst du es,
kommt nur
Scheiße
raus.

„Ene, mene, miste,
es rappelt in der Kiste!"
Warum ich bei Beerdigungen
nicht mehr die Lieder aussuchen darf.

Die besten Kommentare
sind manchmal die,
die ich mir verkneife.

Und wenn ich mal fies,
ausfallend und beleidigend
sein sollte,
dann kommt es
aus tiefstem Herzen.

Am Rande des Wahnsinns
einfach mal hinsetzen
und mit baumelnden Beinen
die Aussicht genießen.

FEHLER SIND WAS FÜR ANFÄNGER. KÖNNER PRODUZIEREN KATASTROPHEN!

Ich könnte abnehmen.
Aber dann wäre ich klug,
hübsch, witzig, kreativ, charmant
und schlank. Das wäre nicht fair.

Montag ist auch
eine Art Dschungelprüfung.

Am Rande meines Verstandes
kichert der Wahnsinn!

Meine Todesursache
wird wahrscheinlich
Sarkasmus im
falschen Moment sein.

Was machen Kannibalen aus Medizinern?
Hot Docs.

Was ist ein Ritter im Kannibalendorf?
Dosenfutter.

Germany's Next Topmodel
könnte auch in einem Kindergarten
gedreht werden.
Niemand hat Brüste,
alle lernen laufen
und ständig heult irgendjemand.

Rosen sind rot.
Gelb ist die Biene.
Ich kann nicht dichten.
Waschmaschine.

Ich mag meine
MUTTER, KOCHEN und
meine KATZE auch.

Satzzeichen können leben retten!

Aussehen wie *Barbie*,
aber reden wie
MURAT vom Dönerstand.

Alter!

Weissu?

Alle Leute glauben immer,
ich sei lustig und sarkastisch.
Dabei bin ich eigentlich
nur ein Arschloch
und alle glauben,
ich mache Witze.

Entschuldigung,
du hast da ein bisschen Gesicht
unter deinem Make-up.

Ich leide unter Realitätsverlust.
Ich genieße ihn!

Ich war
schön, reich
und sexy...
und dann klingelte
der Wecker.

AM ARSCH

vorbei ...
ist auch ein Weg.

Ich bin kein Morgenmuffel!
Ich möchte am Montag
einfach nur in den ersten 16 Stunden
nach dem Aufstehen
meine Ruhe haben!

Kinder sind wie Fürze.
Die eigenen stören kaum,
aber die von anderen
sind einfach unerträglich.

Der Kuchen wurde mir
vom Arzt verschrieben – von Dr. Oetker!

Unterschätz mich ruhig –
das wird lustig!

Kann ich ein Bild von dir haben?
Ich sammle nämlich
NATURKATASTROPHEN.

Manchmal genügt kein Wink
mit dem Zaunpfahl.
Manchmal muss man Leute
mit dem ganzen Zaun bewerfen.
Und dem Haus.
Und dem Haus des Nachbarn.

Sex in meinem Alter
ist für den Partner sehr schwer.
Er weiß nie, ob das noch
das Orgasmusgesicht oder
schon der Bandscheibenvorfall ist.

Du hast irgendwie
das gewisse Nichts.

Du weißt,
dass du schlimme Akne hast,
wenn die Blinden versuchen,
dein Gesicht zu lesen.

BRÜSTE – der Beweis,
dass Männer sich
sehr wohl auf zwei Dinge
gleichzeitig konzentrieren können.

Ratet mal, wer sich gerade
zwei Stunden beim Sport
ausgepowert hat.
Richtig! Ich nicht!

Dass ich vom Dorf komme
merkt man daran,
dass ich Menschen in der Stadt
oft noch freundlich anschaue.
Die denken dann immer,
ich bin irre.

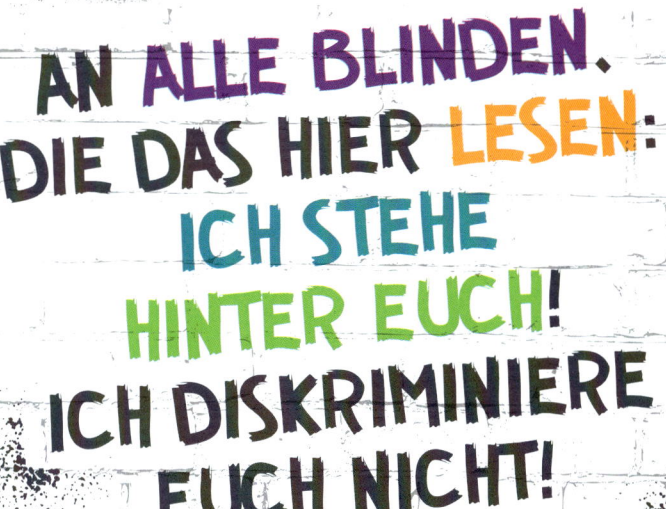

AN ALLE BLINDEN,
DIE DAS HIER LESEN:
ICH STEHE
HINTER EUCH!
ICH DISKRIMINIERE
EUCH NICHT!

ICH HOFFE, DIESER TEXT
GIBT EUCH KRAFT.

41

Deine Mutter lacht die hässliche Frau im Spiegel aus.

Deine Mutter heißt Zonk
und wohnt in Tor 3.

Appetitlosigkeit:
Auch so ein Problem,
mit dem ich nie kämpfen musste.

Man muss das Chaos in sich haben,
um Glitzer furzen zu können!

Faltet man ein Viereck
in der Mitte zusammen,
ergibt das wieder ein Viereck.
Außer es ist ein Spannbettlaken.
Das ergibt einen Wutanfall.

Ich verstehe nicht,
warum manche Männer in Bars gehen,
um Frauen kennenzulernen.
Geht doch in die Parfümerie,
da ist die Frauenquote höher
und sie suchen sowieso nach Dingen,
die sie nicht brauchen.

kein Applaus für Scheiße!

Frank = Arschloch

Seit 4 Tagen ist eine Fliege hier.
Erwische sie nicht.
Ist nun mein Mitbewohner.
Heißt Frank.
Frank macht nichts im Haushalt.
Frank ist ein Arschloch.

Wenn mir irgendwann
der Kopf platzt,
fliegt hier wenigstens Glitzer,
Feenstaub und
jede Menge Konfetti.

Vorhin ist eine junge Frau
in die S-Bahn gestiegen
und hat leise:
„Ich hasse Menschen ..." gemurmelt.
Sie war mir direkt sympathisch.

Wir alle kennen jemanden,
dem eine gebrochene Nase
gut stehen würde.

Wie herrlich es ist,
nichts zu tun,
und dann vom Nichtstun auszuruhn.

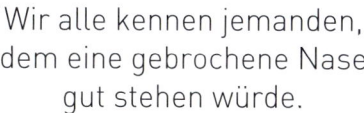

FKK EINE GLATZE IST
AUF HÖCHSTER EBENE!

KINDERN
SELBSTGEMALTE BILDER
ZUM GEBURTSTAG
SCHENKEN, DAMIT
DIE MAL SEHEN,
WIE DAS IST.

VLADI, 4 JAHRE

Bei einer Beerdigung
schmeiße ich den Kranz
immer nach hinten,
um zu sehen,
wer der Nächste ist.

Sarkasmus:
Die Fähigkeit, Idioten zu beleidigen,
ohne dass sie es merken.

Wir brauchen mehr Ausländer!
Mir hat auch diese Woche
keiner die Arbeit weggenommen.

Wenn man sich mag,
duzt man sich.
Ich finde, das sollten Sie wissen.

Ich habe mal wieder Lust,
dich zu treffen.
Mit einem Stein oder so …

Ich muss nicht mehr lieb sein!
Ich kann mir meine
Schokolade selber kaufen.

Smoothies sind der neue Weg,
Idioten eine Banane
für 1,99 € zu verkaufen.

WAS IST DER UNTERSCHIED ZWISCHEN
GEMEIN & **FIES**?

GEMEIN = EINEM BLINDEN
EINE **KINOKARTE**
ZU SCHENKEN.

FIES = WENN ES
EIN **STUMMFILM** IST!

CHUCK NORRIS

hat den Niagara-Fall gelöst
und die Formel 1 ausgerechnet.

Das trifft mich jetzt so hart
wie ein Wackelpudding!

KAFFEE,
weil man nicht jeden Morgen
mit einem **Mord** beginnen kann!

Wenn du sauer bist,
erreicht die Zahnbürste
deines Partners Stellen im Klo,
da kommst du mit
der normalen Klobürste gar nicht hin.

Plan A: Weltherrschaft.
Plan B: Leute mit Enten bewerfen.

Lift in Europa:
Maximal 300 kg oder 5 Personen
Lift in Äthiopien:
Maximal 300 Personen oder 5 kg

Ich hab's nicht so
mit vergeben und vergessen.
Eher mit vergraben
und verwesen lassen.

Ich bin heute emotional
sehr nah am Mittelfinger gebaut.

Der moderne Satzbau:
Subjekt – Prädikat – Beleidigung – Alter!

Deine Freundin ist

~~nicht sehr treu~~
dumme Bitch, Alter!

Übrigens finde ich es
nicht in Ordnung, an Weihnachten
in einem Seniorenheim
„Last Christmas" zu spielen.

Je mehr ich über Menschen lerne,
desto mehr liebe ich mein Einhorn.

Manchmal wünsche ich mir,
ich wäre ein Einhorn.
Dann könnte
ich mit meinem Kopf
Idioten aufspießen.

Wenn du Kontakt suchst,
greif in die Steckdose!

Trübsal ist nicht das Einzige,
was man blasen kann.

In Filmen erkenne ich fast immer, ob ein Dino echt ist.

Ich gucke gerade
eine Doku über SAURIER.
Die haben einfach TOTGEBISSEN,
wen sie nicht mochten.
DAS KONZEPT INTERESSIERT MICH!

Achtung, bitte überprüfen Sie
Ihr Gesicht auf Vollständigkeit.
Ich habe eine Nase
in meinen Angelegenheiten gefunden.
Gehört die Ihnen?

Jetzt weiß ich, warum

Peter Pan

nie erwachsen werden wollte.

Tut mir leid,
dass ich mich selber so feiere,
aber irgendjemand
muss es tun.

Um diesem Arbeitstag
etwas mehr Ausdruck zu verleihen,
rühre ich jetzt meinen Kaffee
mit dem Mittelfinger um.

Kernkompetenz:
Aufmerksames Nicken
bei völliger Geistesabwesenheit.

Egal, wie sauer du bist.
Dinos sind saurier.

Führe mit meinem
Fahrrad den AUTOKORSO an.
Es wird GEHUPT und GESCHRIEN.
Eine RIESENSTIMMUNG.

Verpiss
dich!

Arschloch!

Pissnelke!!

Küss mich am Regenbogen.

Wenn das Leben
dir einen Korb gibt,
geh einkaufen.

Es spart ungemein viel Zeit,
wenn man gleich
einen schlechten Eindruck hinterlässt.

Na, glücklich?
Keine Sorge,
das geht auch vorbei.

So viele Gewitter
kann es gar nicht geben,
wie es Leute gibt,
die der Blitz beim Scheißen
treffen sollte.

MEIN BEVORZUGTER STANDORT IST DER SCHLAUCH!

Pissnelken blühen ganzjährig.

Ein Einbruch ist wie eine Batterie,
er wird von Polen geleitet.

Elefanten können WASSER aus bis zu fünf Kilometern Entfernung riechen. So geht es mir mit Bier.

Ich sage nicht,
dass ich ohne
KAFFEE STERBEN
würde. Aber vermutlich
würden andere
MENSCHEN STERBEN,
wenn ich
KEINEN KAFFEE
hätte.

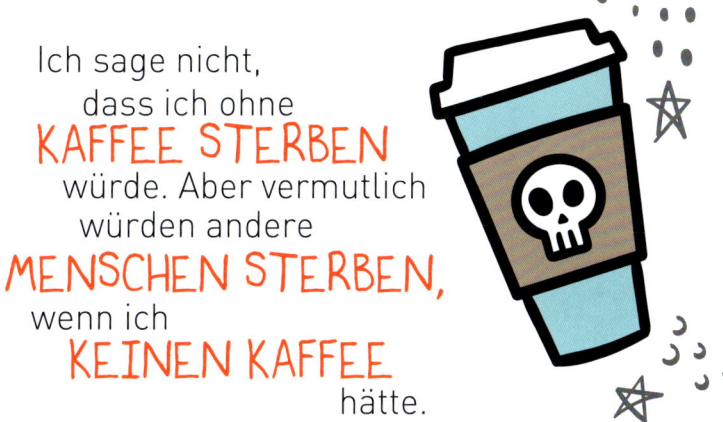

Manchmal sehe ich Kinder
und denke mir im Stillen:
„Ja, sie gelingen eben nicht immer!"

Bei Hitze soll man viel Flüssigkeit,
Obst und Salz zu sich nehmen.
Da ist so ein Tequila ja optimal.

Mein Einhorn sagt:
„Die Realität lügt!"

Lustige **STILBLÜTEN** vom Arzt

Die stationäre Aufnahme
erfolgte im Rahmen
eines Erholungsurlaubs.

Bei alltäglichen Verrichtungen
nimmt die Patientin zu.

Die Patientin arbeitet als Reinigungskraft
in einem großen Kaufhaus
und wird ständig gemoppt.

Die aktuelle stationäre Aufnahme
der Patientin erfolgte gezielt
zur elektrophysiologischen Untersuchung
bei prostituierendem Vorhofflimmern.

Sprechtherapeutisch fielen
Neogaulismen auf.

Aufgrund des erhöhten Kreatinins
wurde der Patient bewässert.

Einhörner

sind auch nur Pferde mit

Umschnalldildos.

ICH MAG NASHÖRNER.
DIE SIND WIE
Einhörner
NUR FETTER!

Sarkasmus
macht das Leben schöner,
Schokolade
macht es einfacher
und ein Einhorn
bringt es zum Glitzern.

Fresst meinen Sternenstaub,
ihr Langweiler.

Einfach mal dem Postboten
eine reinhauen.
Wer austeilt,
muss auch einstecken können.

Memo an mich:
Lächeln, umdrehen, Augen rollen.
Nicht andersrum!

Frauen lieben
magische Wesen:
VAMPIRE,
WERWÖLFE,
EINHÖRNER und

MÄNNER,
DIE ZUHÖREN.

MEINE LIEBLINGS-YOGAÜBUNG:
Aufgehender Mittelfinger
IM MORGENROT.

64

Lese jetzt „Duden“.
Völlig zusammenhangsloser Roman.
Was ist bitte mit dem Aal
vom Anfang passiert?

97 % der Menschen sind Idioten.
Ich gehöre zu den restlichen 4 %.

Manche Leute muss man
einfach ordentlich
mittelfingern.

Heutzutage ist es schwer,
dumm zu sein.
Es gibt einfach so viel Konkurrenz.

Wusstet ihr,
dass Rauchen
gut für die Umwelt ist?
Es tötet Menschen.

LOADING ...

Die Steuerrückzahlung
für 2017 ist endlich auf meinem Konto.
Morgen kaufe ich mir davon
erstmal einen schönen Brühwürfel.

Ich habe auf so viele Dinge
gleichzeitig Lust,
dass ich auch hauptberuflich
Teenager sein könnte.

Ich sage ja nicht, dass
wir alle DUMMEN
MENSCHEN
loswerden müssen, aber
könnten wir nicht einfach alle
WARNHINWEISE
entfernen und den Dingen
ihren Lauf lassen?

WENN DEINE BEINE
SICH STREITEN,
RUF MICH AN.
ICH GEHE
DAZWISCHEN.

0180 666 666 6

Wäre der Montag
ein Paar Schuhe –
er wäre Crocs.

Lieber Mathelehrer,
schon mal daran gedacht,
dass X vielleicht
anonym bleiben will?

Seine eigenen Fehler
muss man nicht suchen.
Das übernimmt
gerne der Rest der Welt.

Es ist völlig normal,
sich einen Pinguin
aus dem Zoo mitzunehmen.

Und alles ist gut,
solange die beim Trash-TV
noch ein bisschen dümmer sind als du.

Träume nicht dein Leben,
sondern nimm deine Tabletten.

Am Humor eines Menschen
lässt sich oft ablesen, wie viele Freifahrten
in die Hölle er bereits hinter sich hat.

Ich habe visuellen Tinnitus.
Ich sehe dauernd nur Pfeifen.

Bienen summen,
weil sie den Text nicht kennen.

ES IST NICHT SO,
DASS ICH DICH HASSE.
ABER WÜRDEST DU BRENNEN
UND ICH HÄTTE WASSER ...
TJA, ICH WÜRDE ES TRINKEN.

Mich über Sachen aufregen,
die mich ärgern,
regt mich zusätzlich auf,
weil es mich im Grunde ärgert,
dass es mich aufregt.

Wenn bei einigen Menschen
Seifenblasen
aus dem Mund fliegen würden,
wäre die Unterhaltung
wenigstens was fürs Auge.

Ich mag ja das Wort
„Einzelkind" nicht.
Ich bevorzuge Alleinerbe.

Du kannst jeden
so feste schlagen,
wie du willst.
Du musst nur vorher
„MÜCKE" schreien.

Aber ich war doch
gestern schon bei der Arbeit.

Habe gerade eine tote Fliege
in meinem Schlafzimmer gefunden.
Vermutlich starb sie
vor Langeweile.

Die beste Zeit
in einer Beziehung
ist ganz am Anfang ...
... Wenn man sich noch nicht
getroffen hat ...
... und Single ist.

Ich kann nichts für
meine Zweideutigkeit.
Ich bin mit Flutschfingern
und Leckmuscheln aufgewachsen.

Liebe Mütter,
bitte kauft euren
Söhnen öfter mal eine
Leckmuschel.
Eure zukünftige
Schwiegertochter
wird es euch danken!

LICHT IST SCHNELLER ALS **SCHALL.** DESWEGEN WIRKEN MANCHE **LEUTE HELL,** BIS MAN SIE SPRECHEN HÖRT.

MANCHMAL HABEN MEINE HORMONE BUNTE PARTY-HÜTCHEN AUF.

Ich wäre viel weniger arrogant, wenn nicht alle so blöd wären.

Studieren ist wie arbeitslos sein, nur dass die Eltern auf einen stolz sind.

Könnte das die Lösung sein? → *Eventuell BWL?*

Auch Menschen
verursachen Nebenwirkungen.
Manche Herzklopfen,
andere Kopfschmerzen
und manche Brechreiz.

Dass Mücken mein Blut nehmen –
geschenkt.
Aber was soll das Juck-Gift?
Als würde man
einen Laden beklauen
und dann noch vor die Tür kacken.

Und hier mal was
AUSGEFALLENES:

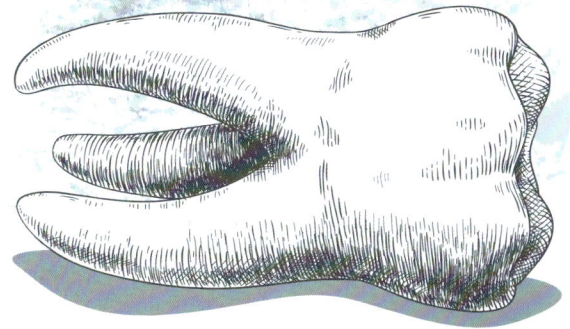

Wenn ihr euch mal einen STRICK bei Amazon bestellen wollt, dann nehmt die OHNE BEWERTUNG. Theoretisch sind das die BESTEN.

Ich denke,
Menschen sind morgens
schlecht gelaunt,
weil sie die ganze Nacht
nichts gegessen haben.

Lüg doch bitte etwas klüger,
meine Intelligenz fühlt sich verarscht.

Wenn eine Frau nicht spricht,
sollte man sie
auf keinen Fall unterbrechen.

**DU BIST EIN MENSCH,
WIE GOTT IHN GESCHAFFEN
UND MCDONALDS
IHN GEFORMT HAT.**

Fehler mache ich nur,
damit keiner merkt,
dass ich perfekt bin.

Fünf Minuten dumm stellen,
erspart oft eine Stunde Arbeit.

Ich wäre gerne Dornröschen.
Den Prinz könnt ihr aber behalten.
Ewig schlafen reicht völlig.

Wir müssen nur Geduld haben.
Irgendwann werden Höflichkeit,
Anstand und Bildung wieder cool.

MEINE PFLANZEN
SIND NICHT TOT,
SIE WACHSEN
NUR ETWAS
KNUSPRIG!

STILBLÜTEN aus der Zeitung

Mit einem Anteil von 11,1 % leben die meisten dicken Kinder in einem Speckgürtel rund um Leipzig.

Die Verwaltung bevorzugt aus Gründen der Sicherheit Holzbalken anstelle von Stahlstützen, die sich bei einem Brand verformen können.

Werner Heisenberger war ein großer Wissenschaftler und Theoretiker. Seine bahnbrechenden Gedanken ersann er meist im Kopf …

Jahrelang war die Brücke baufällig und durfte deshalb – zum Ärger vieler Landmaschinen – nicht mit schweren Landwirten überquert werden.

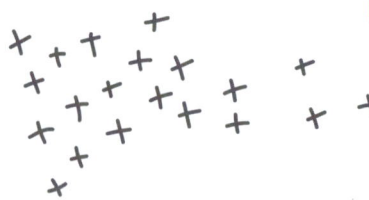

Keine Medaille für Skijäger

Die deutschen Biathlon-Männer scheiterten gestern wieder beim Scheißen. Heute sollen es die Frauen rausholen.

Schnee und Eis beeinträchtigen Verkehr

Autofahrer kämpfen am Mittwoch mit glatten Straßen. Vor allem im Norden und Westen Deutschlands führten Eis und Schnee zu Behinderungen. Die Bahn warnt vor Einschränkungen am Mittwoch und Donnerstag durch einen aufziehenden Vulkan.

Vierte Niderlage im dritten Spiel

Diebstahl angezeigt

Am Sonntag zwischen 21.30 und 22.30 Uhr stieg ein Unbekannter in der Eichenstraße über einen Gartenzaun und entwendete eine am Grill abgelegte Packung Zigaretten samt Feuerzeug. Der Diebstahlschaden beläuft sich auf 6,40 Euro.

Sport

gibt dir das Gefühl,
dass du nackt
besser aussiehst.

Tequila

übrigens auch.

Ich hasse dich nicht.
Ich bin nur nicht über
deine Existenz erfreut.

Ich bin nicht oberflächlich,
ich habe auch hässliche Freunde.

Männer verfahren sich nicht.
Sie kreisen ihr Ziel ein.

Valentinskartentextentwurf:
Die Rosen stechen,
die Veilchen stinken.
Scheiß auf die Blumen,
wir gehen was trinken.

MEIN FREUND liegt mit **MORGENLATTE** neben mir. Ich **FRAGE** ihn etwas und er sagt: **„DU MUSST INS MIKROFON SPRECHEN!"**

MAN SOLLTE NICHT ZU VIEL SEX
UNTER DER DUSCHE HABEN,
SONST LÄUFT MAN GEFAHR, DASS MAN
BEI REGEN GENERELL GEIL WIRD.

Niemand mag Menschen,
die morgens direkt
das große Licht anmachen.

Wenn du sie mit Wissen
nicht überzeugen kannst,
verwirre sie mit Schwachsinn.

Veni, vidi, violini.
Ich kam, sah und vergeigte.

Ich würde mich
ja gerne entschuldigen.
Aber es tut mir
einfach nicht leid.

Ich habe weder die Zeit noch die Buntstifte, um dir das jetzt richtig zu erklären.

Viele Frauen behaupten ja,
Männer kämen zu früh.
Ich behaupte,
Frauen trödeln.

Ich kann nichts dafür,
was mein Gesicht macht,
während du redest …

Dumme Gedanken hat jeder.
Die Kunst besteht darin,
im entscheidenden Moment
die Fresse zu halten.

Sonntags bin ich Mett.
Halb Mensch, halb Bett.

KOSTÜMIDEE:
EINFACH MAL GRÜN ANMALEN.
BIST DU MUSKULÖS,
BIST DU HULK.
BIST DU DÜNN,
BIST DU EIN LAUCH.
BIST DU DICK,
BIST DU EINE
AVOCADO.

STILBLÜTEN aus der Zeitung

Ein krankes Tier erkennt man daran, dass es tot ist.

AUTO RAMMT WILDSCHWEIN

Am Sonntagabend prallte ein 25-jähriger Autofahrer auf dem Weg von Lehmkuhlen nach Warsow auf ein Wildschwein. Am Auto entstand Sachschaden. Das verletzte Reh musste mit der Dienstwaffe eines Beamten erlöst werden.

Dachstuhlbrand schnell gelöscht

Schnell im Griff hat die Beckumer Feuerwehr gestern Nachmittag einen Dachstuhlbrand in Neubeckum gehabt. Mit 32 Mann und 34 Fahrzeugen rückte die Wehr zur Wiesenstraße aus.

Stögers rechte Hand hatte sich dort einer Hüft-OP unterzogen.

Unbekannte sind in einen Supermarkt eingebrochen und haben mehrere Tausend Euro hinterlassen.

Die Pfarrcaritas lädt am morgigen Mittwoch alle kranken und verstorbenen Personen der Pfarrei ins Altersheim zum Rosenkranzgebet ein. Beginn: 15:00 Uhr

SCHULZ WILL DIE PKW-MAUT BEI WAHLSIEG ABSCHAFFEN

Die für 2019 geplante Pkw-Maut wird zum Wahlkampfthema. Der SPD-Kanzlerkandidat Martin Schulz will sie wieder abschaffen, sollte er Bundeskanzlerin werden ...

Wenn ich einen
Blumenhandel betrete,
stupsen sich
die Pflanzen an und raunen:
„Lass die Blätter hängen!
Wenn sie dich nimmt,
dann war's das ...!"

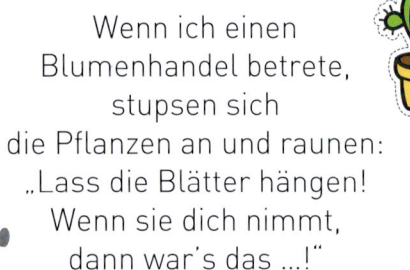

Es soll ja *Frauen* geben,
die *intelligenter* als *Männer* sind.
Aber davon wird
die *Küche*
auch nicht *sauber*.

Dinge, die man über Wein,
aber nicht über
seine Freundin sagen sollte:
1. Gibt Bessere,
aber zum Kochen reicht es.
2. Billig, aber knallt gut.

Jedes Jahr
an deinem Geburtstag
gehen deine Eltern in den Zoo
und bewerfen den Storch
mit Steinen.

Wir werden uns jetzt
eine Weile nicht sehen.
Weil ich dich
von hinten nehmen werde.

ICH HASSE ES, WENN DAS TOILETTENPAPIER NICHT REICHT UND MAN IN NUR GANZ KLEINEN SCHRITTEN, MIT HERUNTERGELASSENER HOSE, ZUM SUPERMARKT TIPPELN MUSS.

Die Augen tränen
deshalb beim Gähnen,
weil man sein Bett vermisst
und das einen traurig macht.

Wenn ich joggen gehe,
könnte man mit mir direkt
zwei Werbespots drehen:
Die ersten 500 Meter für Laufschuhe.
Den Rest für ein Asthmaspray.

Ich bin eine Frau.
Soll ich es buchstabieren?
G-Ö-T-T-I-N

Ich habe es heute mal wieder
mit Abnehmen probiert.
War echt scheiße.
Morgen mach ich
wieder Rufumleitung.

Was meinen Sie
als Unbeteiligter zum
Thema Intelligenz?

Oma sagt:
„Wenn du keinen Mann findest,
ist das auch nicht so schlimm.
Dann machst du dir eben
ein schönes Leben!"

Mir können mittlerweile
so viele Menschen
mal den Buckel runterrutschen,
ich könnte ein Freizeitpark sein.

Freizeitpark
Tschernobyl:
Ihre Kinder
werden
strahlen!

Lass uns kuscheln
und zusammen Dokumentationen
über Serienmörder schauen.

Bitte keine Sexanfragen mehr!
Ich kann doch
so schlecht „Nein" sagen.

Pläne:
Die Running Gags
des Lebens.

Es könnte
manchmal
so einfach sein.
Aber eben
nicht mit mir.

HEUTE STANDEN 100 POLIZEIAUTOS VOR DEM PUFF. WAR WOHL *Muttertag.*

Wenn der Geier ausstirbt,
bist du der hässlichste Vogel.

Es ist nicht so schlimm,
dass mein Auto
beim Rückwartsfahren nicht piept.
Die Schreie der Passanten
genügen mir völlig.

Ich könnte ein Morgenmensch sein,
wenn dieses „morgens"
gegen Mittag stattfinden würde.

Zucchini schmeckt
übrigens am besten,
wenn man sie wegschmeißt
und sich einfach eine Pizza bestellt.

Manche Frauen
sind wie Pizza!
Du willst eine scharfe ...
... bekommst aber eine
mit Pilzen und Oliven.

Du kannst Liebe
nicht kaufen!
Aber Pizza! und das
ist so ziemlich
das Gleiche!

97

STILBLÜTEN aus der Zeitung

ST. GALLEN | Gestern wurde in der St. Galler Innenstadt ein Mann auf offener Straße erschossen. Das Opfer konnte entkommen.

Brennendes Bauholz an Selbstabholer zu verschenken, Tel. 0180 666 666

Suche Saufkumpane! Wer hat Lust, sich regelmäßig – gerne schon mittags – so richtig schön die Lichter auszuschießen? Bitte nur ernstgemeinte Zuschriften von standhaften Trinker(inne)n. Chiffre 666996

Feinfülliger Typ. 62 J./1,65 m/180 kg su. selbstständ. Sie (zw. 18 u. 25), die eine eig. Meinung hat u. stark genug ist, sie für sich zu behalten. Die nicht nur im Bikini eine gute Figur macht, sondern auch am Hert. Ich trage dich auf Henden (nur bis 60 kg). Chiffre 999669

Biete normalen Mann (abhängig, bedürftig, un-selbstständig, mutterfixiert), dazu häuslich, kinderlieb, arbeitsam und anstellig **gegen guter-haltenes, gebrauchtes Klavier.** Chiffre 966669

Bergkettcar gut erhalten, zu verkaufen. Chiffre 9999996

Wer hat etwas gesehen? Oder wer sieht etwas? Am 31.10. zwischen 14 Uhr und 15:30 Uhr, großes schwarzes **Berg Kettcar**, mit 2.-tem abnehmbaren Sitz gestohlen. Chiffre 6666669

---

bin 46, led., NR, kath., solide, Frührentner, sehr einfühlsam u. hilfsbereit, nachdenklich mit Tiefgang, habe Sinn f. Humor, aber auch ein sehr tiefes Empfinden für ein tragisches Schicksal. – Aus christlicher Motivation heraus suche ich eine sympathische schwerstbehinderte Sie, eine krasse Außenseiterin mit heilender starker Ausstrahlung, sehr gerne auch wesentlich jünger. P. S. Große Minderwertigkeitskomplexe sind mir sehr vertraut. Chiffre 9966696

Habe großen
RESPEKT
vor
Friseuren.
Sie müssen sich
jeden Tag das Gelaber
ihrer Kunden anhören.
Mit **SCHERE** und
RASIERMESSER
in der Hand. Ohne dabei
BLUT
zu vergießen.

Mach dir keine Sorgen,
falls du deine große Liebe
noch nicht gefunden hast ...
Sie fickt im Moment noch
mit jemand anderem ...

In meinem Alter habe ich
schon so viel Elend gesehen.
Da machen mir eure Selfies
auch nichts mehr aus.

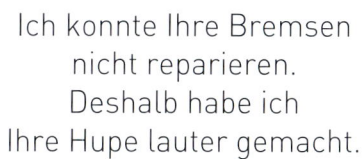

Ich konnte Ihre Bremsen
nicht reparieren.
Deshalb habe ich
Ihre Hupe lauter gemacht.

Wenn du wirklich still bist,
kannst du hören,
wie du der Welt einen Gefallen tust.

Lese gerade,
dass mein Blut pro Minute
14 km zurücklegt.
Das ist ja wohl Sport genug!

Liebe Männer,
ein Kitzler ist kein Rubbellos.

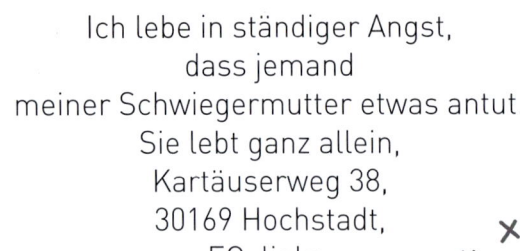

Ich lebe in ständiger Angst,
dass jemand
meiner Schwiegermutter etwas antut.
Sie lebt ganz allein,
Kartäuserweg 38,
30169 Hochstadt,
EG, links.

Meine geheime Superkraft:
Ich kann die Geduld verlieren,
obwohl ich gar keine besitze!

Natürlich hör ich auf mein Herz!
Ich hab ja keinen Penis!

MANCHE MENSCHEN SIND WIE.

Lavalampen:

ES MACHT SPASS, SIE
ZU BEOBACHTEN, ABER

BESONDERS **hell**

SIND SIE NICHT.

DEIN ZUG IST ABGEFAHREN.
Richtung

„Leck mich am Arsch!"

Ich möchte heutzutage
kein Teenager mehr sein.
Die Vorstellung,
erstmal 300 Selfies
von ihr liken zu müssen
bevor wir bumsen,
macht mich mürbe.

Mir reicht's.
Ich geh mein Einhorn streicheln.

Der Bundestag hat
auch nur eine Kuppel,
weil es keinen Zirkus
mit einem Flachdach gibt.

Eins muss ich
meiner Müdigkeit ja lassen:
Kondition hat sie!

Im Altenheim wird
Helene Fischer gespielt.
Ich dachte bislang,
dass aktive Sterbehilfe
in Deutschland
verboten sei.

Es ist nie zu spät,
das Einhorn zu
satteln!

Ich find's mega, dass Menschen ohne Licht Fahrrad fahren. Natürliche Selektion ist so wichtig.

Es gibt ja Leute,
bei denen sieht es aus
wie bei „Schöner Wohnen".
Und es gibt uns.
Wir leben eher
in einem Wimmelbuch.

Manche Menschen verdienen
tosenden Applaus –
mitten ins Gesicht!

Ich habe heute 3 Stunden
im Parkverbot gestanden
und wurde nicht abgeschleppt ...
Morgen probier ich das dann mal
mit dem Auto ...

Und so kommen wir nun
zu der Frage, die wir
uns alle schon lange stellen:
„Sag mal, geht's noch?"

ARROGANZ
BRAUCHT STETIG
WERBUNG.

SELBSTVERTRAUEN
SPRICHT
FÜR SICH.

„Nein, bitte nicht",
jammert der Mann,
als der Vampir ihn packt,
„das halte ich nicht aus.
Ich bin doch Bluter!" –
„Sieh da", lächelt der Vampir,
„ein Longdrink!"

Mann zum Busfahrer:
„Können Sie mir sagen,
wie ich am schnellsten
zum Friedhof komme?" –
„Klar! Legen Sie sich einfach
vor meinen Bus!"

Urlaub

Geld

Schlaf

Essen

Schokolade

Hundebabys

Eis

Musik

Pause

Kaffee

Zeit

Alkohol

----

mehr Urlaub

----

mehr Geld

Nimm DIR,
was DU
brauchst:

ANTI-STRESS-SCHILD

HIER bitte KOPF drauf- schlagen!

Anleitung:

1. Vorlage auf eine harte Unterlage legen.
2. Die Instruktion im Kreis befolgen.
3. Wiederholen, bis der Stress nachlässt, weg ist oder die Bewusstlosigkeit endlich eintritt.
4. Bei Bedarf wiederholen, aber nicht mehr als 3-mal täglich.
5. Färbt sich der Kreis rot, fragen Sie bitte Ihren Arzt oder Apotheker.

Anne Will es,
Bruce Willis,
Will Smith es auch?

Wenn du im Sarg liegst,
haben sie dich
zum letzten Mal reingelegt!

Ich habe den Ton
meiner **AUTOHUPE**
durch den Ton von
**MASCHINEN-
GEWEHR-
SCHÜSSEN**
ersetzt.
Die Leute machen
jetzt viel schneller Platz.

Können wir mal über
die Probleme etwas
kleinerer Menschen reden?
Ich kann meinen Arm
nie ganz hängen lassen,
weil sonst die Einkaufstüte
auf dem Boden schleift.

Das Geilste
an meinem Ex war ich!

Wie nennt man einen
Schwarzen im Rollstuhl?

Night Rider

Ohne dich
wäre Deutschlands
Einheit niemals
Wirklichkeit geworden.
Danke!

witze über
Rollstuhlfahrer
sind zwar
total behindert,
sitzen aber immer.

Sören (15 Jahre), hat
keine 5 im Zeugnis.
Bleibt aber trotz-
dem sitzen.

Ich habe beschlossen,
Organspender zu werden.
Wenn ich sterbe,
soll ein Elefant
einen neuen Rüssel bekommen.

Und du verhütest also
mit deinem Charakter!?

YOGA für
Einhörner

DER WOLKENSITZ

DIE TRAUMTÄNZERIN

DER AUFGEHENDE REGENBOGEN

DAS HORN

DIE WOLKEN-
SCHAUKEL

DIE HIMMELS-
STÜRMERIN

DIE REGENBOGEN-
RUTSCHE

DER EINFACHE
PUPS

DER GLITZER-
PUPS

DER HORN-GIPFEL

DER UNTERGEHENDE REGENBOGEN

DIE GLITZERNDE TÄNZERIN

DER SEITLICHE WOLKENSTAND

DER KLEINE REGENBOGEN

DER GROSSE REGENBOGEN

DIE HELDIN

DER WOLKENSTAND

DIE SUPERHELDIN

Ich brauche Pokemon Go
nicht herunterzuladen.
Ich sehe auch so genug
Monster auf der Straße.

Du verschönerst jeden Raum,
wenn du rausgehst.

Andere HÜPFEN
aus dem Bett wie ein Toast
aus dem Toaster.
Ich bin eher
die SEMMEL,
die mit der
Butterseite
nach unten fällt.
Und liegen bleibt.

Sehe ich aus wie 'ne
BRATWURST
oder warum geben andere Menschen immer ihren *Senf* dazu?

Superman: Single
Batman: Single
Spiderman: Single
Jetzt macht alles Sinn …
Ich bin ein Superheld.

Mein Humor ist
wie ein Brunnen in Afrika.
Ziemlich trocken.

Was ist, wenn zwei
Mercedes zusammenstoßen?
Krieg der Sterne.

121

STILBLÜTEN – an die Versicherung

Der Bursche war überall
und nirgends auf der Straße.
Ich musste mehrmals kurven,
bevor ich ihn traf.

Da ich mit meinem Mann
nicht mehr zusammenlebe,
bitte ich Sie höflich,
zuständige Mitarbeiter vorbeizuschicken.

Ich fuhr mit meinem Wagen
gegen die Leitschiene,
überschlug mich und
prallte gegen einen Baum.
Dann verlor ich die
Herrschaft über mein Auto.

Vorerst habe ich nicht die Absicht,
zu sterben und brauche
deshalb keine Sterbeversicherung.
Wenn es soweit ist,
dann rufe ich bei Ihnen an.

Ich habe noch nie
Fahrerflucht begangen; im Gegenteil,
ich musste immer weggetragen werden.

ICH BIN DESHALB
SO SCHNELL
GEFAHREN, UM
DURCH DEN
LUFTZUG
DIE BIENE
AUS DEM AUTO
ZU KRIEGEN.

Frauen ab 40 wissen genau,
was sie wollen.
Wenn sie gerade keine
Stimmungsschwankungen haben.
Oder Hitzewellen.
Oder Heißhunger.
Oder Tollwut.

Das ist kein Übergewicht,
das sind Dinge, die mir
 ans Herz gewachsen sind.

Dieser eine Furz,
wenn sogar die Eier
im Kühlschrank salutieren,
weil sie denken,
dass ein Kamerad
an Altersschwäche gestorben ist.

Ich mach mir die Welt, widde widde wie sie mir gefällt!

sei Pippi – nicht Annika!

Ich gehe mal davon aus, dass

PIPPI
LANGSTRUMPF
mittlerweile
STÜTZ-
STRUMPF
heißt!

Männer werden ja nicht älter ...
nur attraktiver.
Das Tragische ist nur,
sie sterben meistens früh
wegen Schnupfen.

Du weißt,
dass du hässlich bist,
wenn ein Gruppenfoto
gemacht werden soll
und man dir die Kamera gibt.

Sei IMMER
DU SELBST!
Es sei denn,
du kannst ein
Einhorn
sein, dann sei ein
Einhorn!

Wenn man beim Namen ANNA jeden Buchstaben um eins erhöht, kommt BOOB raus. Auch sonst sind meine GEDANKENGÄNGE sehr tiefgründig.

Ich habe erstmal
bei allen Nachbarn geklingelt
und gefragt, ob sie
auch so früh raus müssen.

Was ist ein toter Spanner?
Weg vom Fenster.

Wie nennen Kannibalen einen Skater?
Rollbraten.

LADE MITTELFINGER

▮▮▮▮▮▮▮▮▮ 90 %

BITTE WARTEN ...

Leute, die ungerechtfertigt
auf einem
Behindertenparkplatz parken,
rufe ich gerne zu:
„Gilt nicht für geistig Behinderte,
aber das passt schon!"

Liebes Mathebuch,
werd erwachsen
und lös deine Probleme selbst!

*Ihr habt doch alle
schon wieder am
Regenbogen geleckt!*

Man sagt nicht mehr Neger,
sondern hungernde Fachkraft
für Baumwolllogistik!

Wie Oma schon sagte:
„Gut schaust du aus!
Schade nur, dass du blöd bist!"

Was bekommt ein Kannibale,
der zu spät zum Essen kommt?
Die kalte Schulter.

„Du Scherzkuchen!"
„Heißt das nicht Scherzkeks?"
„Ja schon, aber für einen Keks
bist du einfach zu fett!"

Letzte Worte des Sportlehrers:
„Alle Speere zu mir!"

ICH WILL JA NICHT ANGEBEN, ABER ICH FAHRE SCHON OHNE DREIRAD!

Oh, Entschuldigung!
Sie müssen mich
da mit jemandem
verwechseln,
den das interessiert!

NA KLAR TEILE ICH MEINEN *Donut* MIT DIR! DU KRIEGST DIE *Mitte!*

In zwei Minuten beginnt
der Sixpack-Kurs im Fitnessstudio
und keine Sau hat Bier mitgebracht.
Die verarschen mich doch!

Bier ist nicht die Frage, Bier ist die Antwort!

Alle guten Dinge fangen mit „S" an. Sex, Schokolade, Sommer, Sonne, Bier …

Der einzige Nachteil von Bier ist: man kann es nicht mit Käse überbacken!

Ihr könnt nach Hause fahrn,
ihr könnt nach Hause fahrn,
ihr könnt nach Hause fahrn,
ihr könnt nach Hause fahrn ...
Schwiegereltern verabschieden?
Kann ich!

Ich bin nur Single,
weil meine Schwiegereltern
keine Kinder bekommen können!

Nicht so hektisch, mein Schatz.
Du sollst blasen
und nicht Headbangen.

Ich bemühe mich,
keine perversen Anspielungen
mehr zu machen.
Aber das ist HART!
SEHR HART!

Ich wusste,
dass der Tag hässlich wird.
Aber mit dir
habe ich nicht gerechnet.

Wenn ihr wählen könntet,
zwischen 'nem
Helene-Fischer-Konzert
und Piercingstechen
mit 'ner Bohrmaschine ...
BOSCH oder
BLACK & DECKER?

Ich rauche immer
eine nach dem Sex.
Und jetzt ist die
Schachtel leer.

Ach, guck mal,
5 Mark haben
die mal gekostet.

Dein T-Shirt muss
aus Italien sein!
Denn da hängen zwei Spaghetti
aus deinen Ärmeln.

Männer bekommen
von neuen Schuhen Blasen.
Frauen bekommen
neue Schuhe vom Blasen.

Bin gut drauf!
Suche jemanden für drunter.

WAS BEI UNS AUF DER ARBEIT IM ERSTE-HILFE-KASTEN FEHLT, SIND ZWANGSJACKEN.

Egal wie traurig du bist,
im Kühlschrank
brennt immer ein Licht für dich.

Ich bin nicht hier,
um mich beliebt zu machen.

Lieber eine Wampe,
als gar nichts Hervorragendes.

Mein Panini-Sammelalbum
„Deutschlands größte Vollpfosten"
füllt sich gerade in Rekordzeit.

Mein Prinz braucht
kein weißes Pferd,
sondern schwarzen Humor.

Das Wasser unten
im Klobürstenhalter
schenke ich gerne
meinen Gästen ein,
die auf die Getränkefrage
mit „egal" antworten.

Du kannst dich
jetzt mit der Titanic streiten,
wer tiefer gesunken ist.

Wie kastriert man
einen katholischen Priester?
Man muss nur
dem Messdiener
unters Kinn hauen.

Schon witzig,
dass Bildschirme immer schwarz sind,
wenn sie nicht arbeiten.

Du bist ein typischer Fall
von einem gerissenen Kondom.

Gina Wild sollte unsere
nächste Bundeskanzlerin werden!
Wenn wir schon alle gefickt werden,
dann doch bitte von einem Profi!

Der menschliche Körper
besteht zu 90 % aus Wasser.
Wir sind also alle
Gurken mit Gefühlen.

Zu manchen Menschen
muss man nichts mehr sagen.
Die kann man einfach so
stehen lassen.

KNIE NIEDER
und schmecke
den Herrn!

Ich würde eine

ZOMBIE APOKALYPSE

problemlos überstehen.
So wie ich morgens aussehe,
halten die mich
für ihren König.

Das Vorspiel beim Sex
ist völliger Blödsinn.
Ich hupe ja auch nicht
eine viertel Stunde
vor der Garage,
bevor ich reinfahre!

Laut Physikunterricht
dehnen sich alle heißen Körper aus.
Das heißt, ich bin nicht dick,
sondern heiß!

Mein Hosenstall ist immer offen,
der achtsame Ritter
trägt sein Schwert immer griffbereit.

Der Ehemann meiner Freundin
ist so süß.
Jedes Mal, wenn er
mit seinen Jungs weggeht,
lässt er seinen Ehering da,
damit sie an ihn denkt.

Manche Menschen **erregen** mich so stark, dass mein **Mittelfinger** steif wird.

Wäre ich ein Glücksbärchie hätte ich einen Mittelfinger auf dem Bauch!

Fernsehen am Nachmittag bildet:
Man kann zum Beispiel
erfahren, wie das mit
dem Sorgerecht ist,
wenn die Eltern Geschwister sind.

Ich habe eine schwere
Mittelfingerentzündung.
Und das auch noch beidseitig.

Alkohol ist nur was für Leute,
die auch ein paar Hirnzellen
entbehren können.

Ich schwebe gerade auf Wolke
„Leckt mich doch alle mal am Arsch!"

Welches Wort
fängt mit „Pe" an,
hat ein „n" in der Mitte
und hört mit „is" auf?
Personalausweis.
Aber ich mag Ihren Humor.

Neulich hat uns
meine Relilehrerin gefrag
was wir fühlen würden
wenn wir einen Mensche
erschießen müssten ...

... „Den Rückstoß"
war wohl
die falsche Antwort.

144

Warum haben Frauen
nur 4 Hirnzellen?
Für jede Herdplatte eine.

An das Mädel,
das mir am Wochenende
'ne falsche Nummer gegeben hat:
Ich schreibe jetzt mit Konrad,
der ist eh viel lustiger als du!

Keiner ist unnütz –
er kann immer noch
als schlechtes Beispiel dienen.

Auch ein Traumjob
berechtigt nicht
zum Schlaf während
der Arbeitszeit.

Du bist so hell
wie ein Tunnel.

Wenn mir langweilig ist,
schütte ich Apfelsaft
in den Schnee und
wenn Leute vorbeikommen,
esse ich davon.

Glaubenskriege werden
immer komplizierter:
Im Supermarkt motzt eine
Alukapsel-Kaffee-Käuferin
mit Stoffbeutel eine
Bio-Eier-Käuferin
mit Plastiktüte an.

Mein Leben ist
wie Schlittenfahren.
Nur ohne Schlitten.
Und ohne Schnee.
Und ohne Spaß.
Aber es geht bergab.

Ein Mann haute mich soeben
auf der Straße an und fragte:
„Hast du ein Problem?"
Hab ihm alles erzählt.
Jetzt weinen wir beide.

Kindergarten im Jahr 2027:
„Waren die Muffins für die Kinder
eigentlich glutenfrei?"
„Ööhm ...!"
Die Kinder fangen an zu platzen
und eines geht sogar
in Flammen auf.

Ich bin ein sehr besonnener ...

... DU HAST DAS **VERDAMMTE GASPEDAL** BEZAHLT, ALSO BENUTZE ES AUCH, DU **ELENDER KACKHAUFEN** ...

... Autofahrer.

Ich war noch nie Fallschirmspringen, aber ich hab bei Google Earth schon mal irre schnell rangezoomt! Ich alter Adrenalinjunkie.

Warum essen Kannibalen gerne schwangere Frauen?
Wegen der Kinderüberraschung und der Extraportion Milch.

Suche Wohnung
mit großem Balkon,
damit ich zum Volk sprechen kann.

Wie ich aussehe?
Stell dir einfach mal eine
zierliche, elegante Südländerin vor.
Streich das und
ersetze es durch
„dickes Shetlandpony".

Ich bin nicht schüchtern!
Ich möchte wirklich
nicht mit dir reden.

Ich habe heute
von der Arbeit geträumt
und direkt mal
5 Überstunden notiert.

Wenn du einen
flachen Bauch haben möchtest,
dann mal dir einen Rauchnabel
auf den Rücken.

Hab mir gerade
den Strichcode von Pfandflaschen
auf den Arm tätowieren lassen.
Ich bin dann mal
den Automaten fisten.

Ist das ein Faltenrock
oder Cellulite?

Der Clown
ist die wichtigste
Mahlzeit des Tages!

WAFFEN TÖTEN
KEINE MENSCHEN!

... BABY-EINHÖRNER
MIT DER VORLIEBE JEMANDEN ZU ERSTECHEN TUN ES!

Manchmal laufe ich samstags
in Tennisklamotten
durch den Supermarkt, damit
die Leute denken,
ich wäre reich und hätte ein Hobby.

Sex ist wie Grillen,
du musst das Stück
auch mal wenden.

Die Namen,
die auf einer Hundewiese
gebrüllt werden,
sind inzwischen weniger bizarr
und merkwürdig als die
auf einem Kinderspielplatz.

Erst ist mein Gummibär gestorben.
Dann ist mein Einhorn weggelaufen.
Jetzt wurde mein
imaginärer Freund entführt
und die Stimmen im Kopf
reden auch nicht mehr mit mir.
Ich glaub, ich werde verrückt.

STILBLÜTEN aus der Zeitung

Toter lag leblos in der Wohnung

Lepra-Gruppe hat sich aufgelöst.

Athen erhöht Steuern deutlich –
Griechenland setzt die Spaßmaßnahmen um

Bordell will Gläubiger befriedigen

Exhibitionist mit Pferdeschwanz schockt
Spaziergänger in Weiskirchen

Unbekannter überfällt Messer mit Wettbüro

KUH FLÜCHTET
nach Unfall mit Dacia

Frau wird (30) bei Unfall leicht verletzt

Dickes Lob für Würzburger Mediziner –
Experten der Uniklinik legen
die Qualitätslatte bei Penisprothesen höher

Der Wiener Zentralfriedhof wie ausgestorben

Seniorin tötet und zerteilt Ehemann –
das Rentnerpaar galt als unzertrennlich

Der Stadt fehlt es an Geld,
aufgrund fehlenden Geldes

BEINAMPUTIERTER
WIEDER AUF
FREIEM FUSS

Gott gab den Frauen Augenbrauen
und sie malten sie sich selbst.
Er gab ihnen Fingernägel
und sie benutzten Gelnägel.
Er gab ihnen Brüste
und sie vergrößerten sie.
Wenn nicht mal Gott
Frauen glücklich machen kann,
wie sollen es die Männer schaffen?

Je älter wir werden,
desto größer wird der Kindergarten.

„Schatz, wir müssen warten,
bis das Baby weint."
„Warum das denn?"
„Ich weiß nicht,
wo ich es hingelegt habe."

Kann man eigentlich wirklich
ausschließen, dass wir Menschen
keinen Winterschlaf brauchen?
Ich finde es inzwischen
immer zweifelhafter.

JETZT NOCH SCHNELL
DIE GURKE HOBELN
UND DANN AB INS BETT.

OLIVER (23), VEGANER

Da öffnet man das 23. Türchen,
vernascht den Inhalt
und wird direkt gekündigt.

Jürgen (41), Wärter im Frauenknast

Philips Fernseher
zu verkaufen.
Bei Interesse
bitte melden.

Ich (22), Bruder von Philip

Wenn ich gewusst hätte,
wie sich das Leben
später entwickelt,
wäre ich im SANDKASTEN
sitzen geblieben.

Marilyn Monroe trug Kleidergröße 40.
82 % aller Männer fanden sie
laut einer Umfrage erotisch.
Liebe Heidi Klum,
du kannst mich mal.

Jedes Mal, wenn ich denke,
ich bin ganz unten angekommen,
kommt jemand und leiht
mir eine Schaufel.

Ich finde dich HAMMER,
darf ich dich NAGELN?

Zwei interessante Fakten
über mich:
1. Mein Penis ist länger,
als 6 hintereinandergelegte
Chicken Nuggets.
2. Ich habe Hausverbot
bei McDonalds.

Hol den Wein,
wir müssen über Gefühle reden.

Mir wurde ein Modeljob angeboten
bei einer großen Fitness-Studio-Kette.
Ich bin das Vorher.

Schwangerschaftstests sind so genial.
Ich wünschte, man könnte
mehr Fragen im Leben beantworten,
indem man darauf pinkelt.

Du bist hübsch.
Wenn man in 100 m Entfernung
die Augen zumacht ...

WURDE ZUM UMZUG EINGELADEN.
BIN DER EINZIGE, DER SICH
VERKLEIDET HAT.
ALLE ANDEREN
SCHLEDDEN KISTEN.

Sind auf dem Friedhof.
Gruß Oma

Kommen aber wieder!
Gruß Opa

Opis sind die
Besten!

Ein Deutscher friert nicht!
Er zittert vor Zorn,
dass es nicht noch kälter ist.

Fehlt nur noch das Zelt,
dann wäre der Zirkus hier komplett.

Mit Kritik
kann ich super umgehen.
Und auch mit einer Axt.

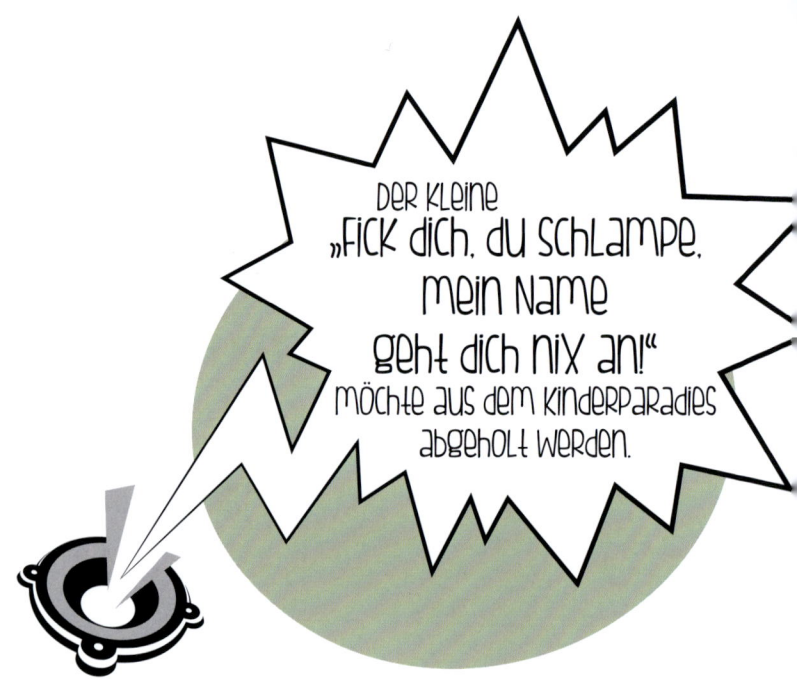

DER KLEINE
„FICK dich, DU SCHLAMPE,
MEIN NAME
geht dich niX an!"
möchte aus dem KINDERPARADIES
abgeholt werden.

Jetzt, wo ich dich sehe,
fällt mir noch ein,
dass ich mich übergeben wollte.

Mein Freund löscht
jedes Mal den Browserverlauf,
wenn er am PC war,
damit ich mehr Speicherplatz habe.
Ist er nicht toll?
Lisa (23), ahnungslos

Frauen sind wie Autos.
Die richtig Geilen schlucken ordentlich!

Ich: „Gib mal Dings."
Sie: „Glas?"
Ich: „Nein, Dings!"
Sie: „Eiswürfel?"
Ich: „Nein, Dings!
Das Cola-Gewürz!"
(Der Tag, an dem mir
Captain Morgan nicht einfiel.)

STILBLÜTEN – an die Versicherung

Seit der Trennung
von meinem Mann
wurde jeder notwendige Verkehr
durch meinen Rechtsanwalt erledigt.

Zwischenzeitlich wurde der Gehgips
am rechten Arm entfernt.

Dr. K. hat mir neue Zähne eingesetzt,
die zu meiner Zufriedenheit
ausgefallen sind.

Letztes Jahr bin ich krank gewesen
und zweimal fast gestorben.
Da können Sie mir doch wenigstens
das halbe Sterbegeld auszahlen.

Der Fußgänger hatte anscheinend
keine Ahnung, in welche Richtung
er gehen sollte
und so überfuhr ich ihn.

Wie vorgesehen wurde mein Dachschaden am Mittwoch behoben.

Während des bekannten Tanzes Holladihia-Hoppsassa sprang ich übermütig nach oben, wobei mich mein Tanzpartner kräftig unterstützte. Dabei kam mir die Kellerdecke schneller als erwartet entgegen.

Ich kann nicht schlafen, weil ich Ihre Versicherung betrogen habe. Darum schicke ich anonym 300 Euro. Wenn ich dann immer noch nicht schlafen kann, schicke ich Ihnen den Rest.

Beim Spielen beim Nachbarn stieß mein Sohn Torben gegen eine Fensterscheibe und zerbrach.

„ICH FINDE DEINEN SARKASMUS ZUM KOTZEN." „SOLL ICH DIR DIE HAARE HALTEN?"

Da wollte ich meiner kleinen Schwester
mal eine Freude machen
und hab ihr ein Trampolin gekauft.
Nur, was macht die blöde Kuh?
Sitzt im Rollstuhl daneben und heult!

Wie heißt das Lieblingslied
der Hirntoten? –
„My heart will go on"

„Du Schatzi,
weshalb hast du das
Kinderbett so hoch gebaut?"
„So können wir besser hören,
wenn das Kindchen aus dem
Bettchen fällt."

Was ist der Unterschied
zwischen Tennis und
Bungeejumping?
Beim Tennis hat man
zwei Aufschläge.

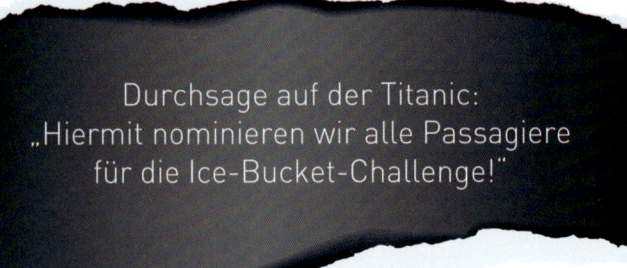

Durchsage auf der Titanic:
„Hiermit nominieren wir alle Passagiere
für die Ice-Bucket-Challenge!"

„Boah, ist der Junge da drüben hässlich."
„Das ist meine Sohn."
„Oh Entschuldigung, ich wusste nicht,
dass Sie der Vater sind."
„Ich bin seine Mutter."

Was sollte man tun,
nachdem man einen Taubstummen
ausgeraubt hat?
Seinen Finger brechen,
damit er keine Aussage machen kann.

Was ist zehn Meter lang, hat nur einen Zahn
und riecht nach Urin?
Eine Polonaise im Altersheim.

Mami, darf ich die
ganze Schüssel auslecken?
Nein, Hans, du drückst die Klospülung,
wie jeder von uns auch.

„Wo ist eigentlich der **NERVIGE NACHBAR**
geblieben, von dem du mir erzählt hast?
Ich sehe ihn gar nicht mehr."
„Der ist im Garten."
„Wo denn?"
„Also man muss schon
ein **BISSCHEN GRABEN**."

MAN KANN EINEM BÄREN NICHT ENTKOMMEN. DER BÄR IST VIEL ZU SCHNELL. ABER ZUM GLÜCK MUSS MAN NUR DEN DICKSTEN IN DER WANDERGRUPPE ÜBERHOLEN.

Der Witwer zum Pfarrer:
„Ich möchte meine Frau
auf dem Bauch liegend begraben lassen."
„Warum denn das, mein Sohn?"
„Sollte sie nur scheintot sein,
gräbt sie nach unten."

Idealgewicht einer Schwiegermutter:
„1,2 Kilo mit Urne!"

Ich habe den Rettungssanitätern
die falsche Blutgruppe für
meine Ex-Freundin genannt.
Jetzt wird sie am eigenen Leib erfahren,
wie es sich anfühlt,
abgelehnt zu werden.

„Papa, hast du gestern
noch im Bett mit Mama
Weißwurst gegessen?"
„Nö, wieso?"
„Auf dem Nachttisch hab ich
noch die Haut gefunden."

Osama bin Laden und
George W. Bush spielen Schach.
Wer gewinnt?
Osama bin Laden,
denn Bush fehlen zwei Türme.

LÄCHLE

**DU KANNST SI[E]
NICHT ALLE TÖTEN**

Findet eine Riesenfete
auf dem Zentralfriedhof statt.
Ein Skelett zündet sich gerade
in aller Ruhe eine Zigarette an,
da kommt ein anderes angeklappert:
„Ich denke, du rauchst nicht mehr?"
„Doch, hin und wieder schon –
aber nicht mehr auf Lunge!"

Was wäre, wenn sich
die Erde 30 x schneller drehen würde?
Man bekäme jeden Tag
sein Gehalt überwiesen,
und die Frauen würden verbluten ...

Der Ostern-Renner im Baumarkt:
Das „INRI"-Set:
Drei Nägel und ein Hammer ...

Was haben Männer und
Bierflaschen gemeinsam?
Beide sind vom Hals an aufwärts leer.

Franz Beckenbauer

«**Wir sollten nicht alles ins Korn schmeißen.**»

Lothar Matthäus

«Ich hab gleich gemerkt, das ist ein Druckschmerz, wenn man drauf drückt.»

«Wir sind eine gut intrigierte Truppe.»

«Manchmal spreche ich zuviel.»

Andreas Möller

«Ich hatte vom Feeling her ein gutes Gefühl.»

«Mailand oder Madrid – Hauptsache Italien.»

«Mein Problem ist, dass ich immer sehr selbstkritisch bin, auch mir selbst gegenüber.»

«So ist Fußball. Manchmal gewinnt der Bessere.»

«Doppelpass alleine? Vergiss es!»

«Jetzt müssen wir die Köpfe hochkrempeln. Und die Ärmel natürlich auch.»

Jede Seite hat zwei Medaillen.

Karl-Heinz Körbel

«Die Eintracht ist vom Pech begünstigt.»

Bildnachweis:
Shutterstock: 89studio 109; Afishka 48; Alhovik 4, 2
168; AlisaRed 56; andrey oleynik 75; Antoney 92, 104
139; artistan 167; blambca 94; blocberry 106; Burha
Bunardi 63; byskop 113; chen 33, 111; dromp 20,
126; durantelallera 58; ElenaShow 24; Elina Li 5, 10
101, 173; Eugenia Petrovskaya 91; Evgeny Bornyako
78; Finevector 107; Flas100 6, 29, 34, 46, 51, 67, 112
161; Framework Wonderland 143; funnybear63 79;
Giuseppe_R 146; hakule 170; Hibrida 128; Hilch 29,
35, 159; Hrynevich Katsiaryna 137; Iconic Bestiary 9
Irina Levitskaya 36; Ivan_Nikulin 32; Ivana Forgo 62;
ivector 83; johavel 121; Julianka 64; Kapitosh 74; ka
hasa 65; Katrevich Valeriy 67; KoDi Art 12; kondraty
59; kostolom3000 55; Kwok Design 31; Lena Pan 66
Lilu330 151; Lonely 148; LoopAll 4, 21, 171; Lorelyn
Medina 141; Macrovector 18, 19, 81, 122; Malchev
144, 145; MarijaPiliponyte 61; Marylia 102; masher 2
Memo Angeles 140; mhatzapa 8, 13, 29, 31, 44, 56, 8
104, 115, 116, 118, 119, 126, 133, 135, 145, 146, 148,
153, 157; MOJI 153, 160; mollicart 100; museyushay
90; Natutik 13, 52, 147; Natykach Nataliia 17; ngaga
22; Nicemonkey 10, 71, 133; Nikita Konashenkov
50; nikiteev_konstantin 135; Oleg Golovnev 21, 171;
Olga_Angelloz 131; opicobello 165; Petr Vaclavek 39
168; pexfex 62; Pro_Vector 41; Pushkin 43; reisdesic
152; robodread 14, 15, 150; Roi and Roi 87; Sarawut
Padungkwan 53; Sarunyu_foto 85; Serbinka 69, 82,
120, 124; Sergei Mokhov 44; SkillUp 73; stetc 114, 1
116, 117, 118; studiostoks 134studiostoks 39, 40, 44,
45, 51, 53, 54, 55, 56, 65, 66, 67, 68, 69, 70, 74, 76, 79
90, 92, 93, 94, 95, 97, 105, 106, 107, 112, 116, 117, 1
121, 124, 125, 130, 134, 142, 145, 147, 157; Sudowoo
76, 103; Svesla Tasla 71; Svetlana Ivanova_ 57; Tacke
37; Tancha 84; TKoko 68; Top Vector Studio 88; Tshi
print designer 111, 132; tsinik 15; Vecster 41; Vector
Tradition SM 97; Vectorpocket 38; VectorShow 91, 1
white snow 162; Zoran Milic 30; zorina_larisa 46

Alle weiteren Illustrationen design cat GmbH